Novena

SAN RAMÓN

Por Laila Pita

CORAZÓN
RENOVADO

UN POCO DE HISTORIA

San Ramón Nonato es celebrado el 31 de agosto. De una familia de descendientes de las nobles familias de los Fox y Cárdenas, vino este niño, antes de nacer fue extraído del vientre de su madre muerta, siguiendo vivo milagrosamente. Cuando creció su padre lo envió a Barcelona para relacionarlo con gente rica, y para que hiciera carrera y fuera su orgullo y sostén. Ramón se dedicó al estudio, pero también a la vida piadosa. Lejos de estar con los ricos, ayudaba con libros a los necesitados. Su padre enojado, lo hizo regresar y lo puso al cuidado de las ovejas. Hizo amistad con otros pastores. Un envidioso lo acusó con el amo de que abandonaba el ganado. El amo decidió investigar, para descubrir que, efectivamente se retiraba a un lugar solitario haciendo oración de rodillas. El hombre quedó maravillado al ver que un bello Ángel cuidaba su rebaño y estas eran las ovejas que más lana y leche producían. Un día Ramón habló con la Virgen María: "Madre mía, tú sabes que yo no he tenido la dicha de conocer a mi madre en la tierra, pero te conozco a ti y te amo ¿no querrás suplirla?" Y la Virgen contestó: "Sí hijo mío, acepto ser tu madre…".

MILAGRO

En Uruapan, Michoacán, Susana Jiménez se casó sin saber que su marido tuvo una relación con su jefa. Cuando esta se enteró de la boda acusó a Susana de fraude en la empresa donde trabajaban, en venganza por los celos que sentía. Susana muy angustiada no supo qué hacer, solamente se encomendó a San Ramón dejando el asunto en sus manos. Dos compañeros que la apreciaban atestiguaron y pronto salió a luz la mentira, dejándola libre de culpa. El esposo la apoyó en todo lo que pudo sintiéndose culpable, finalmente ambos quedaron libres de este problema, Susana buscó otro trabajo.

ORACIÓN DIARIA

San Ramón naciste sin conocer a tu madre y la Virgen María te adoptó con amor. Pastoreaste ovejas, mientras rezabas, se encargó de ellas un Ángel salvador. Te dedico esta novena para pedirte acalles la mentira con tu Santo Candado. Que sólo fluyan las palabras positivas que no causan dolor. Nonato fuiste pero el cielo tenía una misión para ti que cumpliste con honor. Tú que a tantos has ayudado acuérdate de mí que estoy por ti aguardando. Santísimo Pastor silencia el murmullo y el falso clamor.

HAGA SU PETICIÓN

Aquí estoy hincado a tus pies. Con la luz de tus quinqués que no tienen comparación alumbra a este humilde feligrés que viene a hacerte esta petición.

Te ruego con todo mi corazón me concedas... (Se hace la petición)

Esto es un asunto de interés te suplico tu atención me des. Concédeme lo que te pido en esta ocasión y con tu divina protección me ayudes, para que seas tú siempre mi salvación.

Padre Nuestro, que estás en el cielo, santificado sea tu nombre; venga a nosotros tu reino; hágase tu voluntad, en la tierra como en el cielo. Danos hoy nuestro pan de cada día; perdona nuestras ofensas, como también nosotros

perdonamos a los que nos ofenden; no nos dejes caer en la tentación, y líbranos del mal. Amén.

Dios te salve, María, llena eres de gracia, el Señor es contigo. Bendita tú eres entre todas las mujeres, y bendito es el fruto de tu vientre: Jesús. Santa María, Madre de Dios, ruega por nosotros, pecadores, ahora y en la hora de nuestra muerte. Amén.

Gloria al Padre, al Hijo y al Espíritu Santo. Como era en el principio, ahora y siempre, por los siglos de los siglos. Amén.

DÍA PRIMERO

Hoy soy una más de tus ovejas, pastoréame y llévame por camino seguro. San Ramón ayúdame a estar tranquilo mientras tu apoyo espero. Te entrego esta novena para suplicarte, hagas con tu poder milagroso que se manifieste la verdad. Que venza la justicia y la igualdad. Inserta en el corazón de mi adversario el pudor, para que actúe con honor. Señor libérame de esta contrariedad, haz que reine la armonía y la responsabilidad. San Ramón Nonato dame tu calor, no me desampares Divino Señor.

Padre Nuestro, que estás en el cielo, santificado sea tu nombre; venga a nosotros tu reino; hágase tu voluntad, en la tierra como en el cielo. Danos hoy nuestro pan de cada día; perdona nuestras ofensas, como también nosotros

perdonamos a los que nos
ofenden; no nos dejes caer
en la tentación, y líbranos
del mal. Amén.

Dios te salve, María, llena eres de gracia, el
Señor es contigo. Bendita
tú eres entre todas las mujeres, y bendito es el fruto
de tu vientre: Jesús. Santa
María, Madre de Dios, ruega por nosotros, pecado-
res, ahora y en la hora de
nuestra muerte. Amén.

Gloria al Padre, al Hijo
y al Espíritu Santo.
Como era en el principio,
ahora y siempre, por los siglos de los siglos. Amén.

9

DÍA SEGUNDO

Reverenciado Pastor te ofrendo esta novena para implorarte, que con tu gran poder y la magia de tu inmenso saber, hagas que se callen los mal intencionados que hacen daño y en todo lugar son indeseados. San Ramón Nonato en nombre de la Virgen María te ruego les hagas comprender, que esta no es una buena forma de proceder. Pon en su boca el candado mágico y de la amargura sean librados y a mí cúbreme con tu manto para que mis sentimientos por ellos no sean tocados.

Padre Nuestro, que estás en el cielo, santificado sea tu nombre; venga a nosotros tu reino; hágase tu voluntad, en la tierra como en el cielo. Danos hoy nuestro pan de cada día; perdona nuestras ofensas, como también nosotros perdonamos a los que nos

10

ofenden; no nos dejes caer en la tentación, y líbranos del mal. Amén.

Dios te salve, María, llena eres de gracia, el Señor es contigo. Bendita tú eres entre todas las mujeres, y bendito es el fruto de tu vientre: Jesús. Santa María, Madre de Dios, ruega por nosotros, pecadores, ahora y en la hora de nuestra muerte. Amén.

Gloria al Padre, al Hijo y al Espíritu Santo. Como era en el principio, ahora y siempre, por los siglos de los siglos. Amén.

DÍA TERCERO

Santísimo San Ramón por madre y ejemplo tuviste a la Virgen María. Te dedicaste a ayudar a los necesitados noche y día. Hoy te invoco para ofrecerte esta novena con todo el amor que mis fuerzas dan, para pedirte que si me encuentro en problemas a causa de alguien, los que saben la verdad me defiendan. Reverenciado Señor envuélveme con tu energía y haz en este mundo agradable mi estadía. Que los de mala lengua no me toquen ni me ofendan.

Padre Nuestro, que estás en el cielo, santificado sea tu nombre; venga a nosotros tu reino; hágase tu voluntad, en la tierra como en el cielo. Danos hoy nuestro pan de cada día; perdona nuestras ofensas, como también nosotros perdonamos a los que nos ofenden; no nos dejes caer

12

en la tentación, y líbranos del mal. Amén.

Dios te salve, María, llena eres de gracia, el Señor es contigo. Bendita tú eres entre todas las mujeres, y bendito es el fruto de tu vientre: Jesús. Santa María, Madre de Dios, ruega por nosotros, pecadores, ahora y en la hora de nuestra muerte. Amén.

Gloria al Padre, al Hijo y al Espíritu Santo. Como era en el principio, ahora y siempre, por los siglos de los siglos. Amén.

DÍA CUARTO

Divino Pastor fuiste elegido por la Virgen por tu tenacidad. El milagro de tu existencia no fue una casualidad. Tú eres un gran Señor, te trataron con saña por ser predicador, pero tu esfuerzo triunfó en dar a conocer la verdad, tus bendiciones se repartieron con notoriedad. Ayúdame Santo Señor y concédeme este favor, te lo pido con fervor. Haz que se disipe la negatividad, llena de vibraciones positivas mi alrededor y evítame la ansiedad. Protégeme con tu abrazo enternecedor, para que no tenga ningún sinsabor.

Padre Nuestro, que estás en el cielo, santificado sea tu nombre; venga a nosotros tu reino; hágase tu voluntad, en la tierra como en el cielo. Danos hoy nuestro pan de cada día; perdona nuestras ofensas, como también nosotros

14

perdonamos a los que nos
ofenden; no nos dejes caer
en la tentación, y líbranos
del mal. Amén.

Dios te salve, María, llena eres de gracia, el
Señor es contigo. Bendita
tú eres entre todas las mujeres, y bendito es el fruto
de tu vientre: Jesús. Santa
María, Madre de Dios, ruega por nosotros, pecado-
res, ahora y en la hora de
nuestra muerte. Amén.

Gloria al Padre, al Hijo
y al Espíritu Santo.
Como era en el principio,
ahora y siempre, por los siglos de los siglos. Amén.

DÍA QUINTO

Así como los Ángeles de la guarda te cuidaron y a tu rebaño apacentaron. Por medio de esta novena te ruego Divino Pastor que aquietes la tormenta, que en este momento mi alma enfrenta. No permitas que sea juzgado en forma equivocada, por lo que alguien argumenta. Limpia mi entorno de mala energía y las habladurías ahuyenta. Dejo en tus manos mi espíritu para que lo ayudes como ayudaste a tantos que te amaron y la paz contigo encontraron. San Ramón tu presencia es fresca como la menta.

Padre Nuestro, que estás en el cielo, santificado sea tu nombre; venga a nosotros tu reino; hágase tu voluntad, en la tierra como en el cielo. Danos hoy nuestro pan de cada día; perdona nuestras ofensas, como también nosotros

perdonamos a los que nos ofenden; no nos dejes caer en la tentación, y líbranos del mal. Amén.

Dios te salve, María, llena eres de gracia, el Señor es contigo. Bendita tú eres entre todas las mujeres, y bendito es el fruto de tu vientre: Jesús. Santa María, Madre de Dios, ruega por nosotros, pecadores, ahora y en la hora de nuestra muerte. Amén.

Gloria al Padre, al Hijo y al Espíritu Santo. Como era en el principio, ahora y siempre, por los siglos de los siglos. Amén.

DÍA SEXTO

Divino San Ramón misericordioso a rezarte esta novena vengo orgulloso, para implorarte me vengas a ayudar. Con tu bastón y tu candado sagrados, los chismes hagas callar. Protégeme Santísimo Señor del envidioso, haz que la paz regrese con tu poder maravilloso. Ayúdame a alejarme del que tiene suelta la lengua, porque este mal es contagioso. Reverenciado San Ramón de tu calor mi alma está sedienta. Llena mi alrededor de buena energía y mi conciencia esté contenta. Santo Pastor permíteme recibir tu don hermoso.

Padre Nuestro, que estás en el cielo, santificado sea tu nombre; venga a nosotros tu reino; hágase tu voluntad, en la tierra como en el cielo. Danos hoy nuestro pan de cada día; perdona nuestras ofensas, como también nosotros perdonamos a los que nos ofenden; no nos dejes caer en la tentación, y líbranos del mal. Amén.

Dios te salve, María, llena eres de gracia, el Señor es contigo. Bendita tú eres entre todas las mujeres, y bendito es el fruto de tu vientre: Jesús. Santa María, Madre de Dios, ruega por nosotros, pecadores, ahora y en la hora de nuestra muerte. Amén.

Gloria al Padre, al Hijo y al Espíritu Santo. Como era en el principio, ahora y siempre, por los siglos de los siglos. Amén.

DÍA SÉPTIMO

Divino San Ramón tú que eres de buen corazón, para que las malas lenguas no me toquen dame un caparazón. Donde quiera que vaya esté protegido con tu manto, y si a causa de otros he de soltar el llanto para consolarme entra en acción, con tu poder de gran protección. Bendito San Ramón ayúdame a tener visión para distinguir el bien del mal con adelanto. Escucha mis ruegos Amado Santo. San Ramón Bendito haz que mantenga ante los demás fuerte posición y de mi boca nunca salga palabra con mala intención.

Padre Nuestro, que estás en el cielo, santificado sea tu nombre; venga a nosotros tu reino; hágase tu voluntad, en la tierra como en el cielo. Danos hoy nuestro pan de cada día; perdona nuestras ofensas,

20

como también nosotros perdonamos a los que nos ofenden; no nos dejes caer en la tentación, y líbranos del mal. Amén.

Dios te salve, María, llena eres de gracia, el Señor es contigo. Bendita tú eres entre todas las mujeres, y bendito es el fruto de tu vientre: Jesús. Santa María, Madre de Dios, ruega por nosotros, pecadores, ahora y en la hora de nuestra muerte. Amén.

Gloria al Padre, al Hijo y al Espíritu Santo. Como era en el principio, ahora y siempre, por los siglos de los siglos. Amén.

DÍA OCTAVO

Esta novena rezo en tu honor, para pedirte humildemente me ayudes Santo redentor. Si me encuentro en un problema por error o por una persona sin buena moral, me ayudes con tu poder sin igual. Te ruego que de esto salga invicto. Divino Señor hazme sentir tu calor. Tu bendición con todos es imparcial, líbrame del que me quiera dañar y hazme fuerte como metal. Construye un muro transparente como el cristal y limpia de cosas negativas mi historial. Bendito San Ramón tu amor es consolador.

Padre Nuestro, que estás en el cielo, santificado sea tu nombre; venga a nosotros tu reino; hágase tu voluntad, en la tierra como en el cielo. Danos hoy nuestro pan de cada día; perdona nuestras ofensas, como también nosotros

perdonamos a los que nos ofenden; no nos dejes caer en la tentación, y líbranos del mal. Amén.

Dios te salve, María, llena eres de gracia, el Señor es contigo. Bendita tú eres entre todas las mujeres, y bendito es el fruto de tu vientre: Jesús. Santa María, Madre de Dios, ruega por nosotros, pecadores, ahora y en la hora de nuestra muerte. Amén.

Gloria al Padre, al Hijo y al Espíritu Santo. Como era en el principio, ahora y siempre, por los siglos de los siglos. Amén.

DÍA NOVENO

Reverenciado Pastor déjame tu mano besar y tu divina gracia alcanzar. Te dedico esta novena y suplico tu protección, para que me ayudes a superar esta prueba que me provoca aflicción. La paz a mi corazón con tu poder haz llegar y limpio de culpa tu hermoso rostro mirar. Sagrado Santo pon tus ángeles en acción, para que me des la sanación. Permite que siempre que lo necesite tu bendición pueda encontrar y que tenga en tu corazón lugar. Reverenciado San Ramón me llenas de admiración.

Padre Nuestro, que estás en el cielo, santificado sea tu nombre; venga a nosotros tu reino; hágase tu voluntad, en la tierra como en el cielo. Danos hoy nuestro pan de cada día; perdona nuestras ofensas, como también nosotros

24

perdonamos a los que nos ofenden; no nos dejes caer en la tentación, y líbranos del mal. Amén.

Dios te salve, María, llena eres de gracia, el Señor es contigo. Bendita tú eres entre todas las mujeres, y bendito es el fruto de tu vientre: Jesús. Santa María, Madre de Dios, ruega por nosotros, pecadores, ahora y en la hora de nuestra muerte. Amén.

Gloria al Padre, al Hijo y al Espíritu Santo. Como era en el principio, ahora y siempre, por los siglos de los siglos. Amén.

ORACIÓN FINAL

San Ramón Nonato cuídame del ingrato, no me dejes solo ni un rato. Con humildad te ofrezco esta novena y te entrego mi corazón, para pedirte que me libres del que me ataca sin razón. Santo Señor prepara tu sagrado candado para silenciar el hablar nefasto. Aquieta las bocas que dañan sin distinción. Cuida de mí con tu divina protección. Ayúdame a todos darles buen trato y en todo asunto ser discreto. Santísimo Pastor tomaste hermosa decisión dando a todos tu sagrada bendición.

Padre Nuestro, que estás en el cielo, santificado sea tu nombre; venga a nosotros tu reino; hágase tu voluntad, en la tierra como en el cielo. Danos hoy nuestro pan de cada día; perdona nuestras ofensas, como también nosotros perdonamos a los que nos

26

ofenden; no nos dejes caer en la tentación, y líbranos del mal. Amén.

Dios te salve, María, llena eres de gracia, el Señor es contigo. Bendita tú eres entre todas las mujeres, y bendito es el fruto de tu vientre: Jesús. Santa María, Madre de Dios, ruega por nosotros, pecadores, ahora y en la hora de nuestra muerte. Amén.

Gloria al Padre, al Hijo y al Espíritu Santo. Como era en el principio, ahora y siempre, por los siglos de los siglos. Amén.

Papá Dios: que tu sabiduría nos guíe; que tu luz ilumine nuestro camino; que tu amor nos de paz; que tu poder nos proteja, y que por donde quiera que caminemos, tu presencia nos acompañe. Gracias Papá Dios que ya nos oíste. Amén.

www.ingramcontent.com/pod-product-compliance
Lightning Source LLC
Chambersburg PA
CBHW070636150426
42811CB00050B/319